manque

Le 1561

Ve

2305(

TOMBEAV DE TRES-HAVT, TRES-AVGVSTE ET TRES-INVINCIBLE PRINCE HENRY LE GRAND ROY DE FRANCE & de Nauarre.

DEDIÉ AV ROY.

A PARIS,

Chez IEAN LIBERT, demeurant ruë Sainct
Iean de Latran, pres le College
de Cambray.

M.DC.X.

AV ROY.

Sire,

ayant pris la hardieſſe de vous offrir touſiours
quelque chouze de mes ouurages, depuis l'heure de vôtre naiſ-
ſance iuſqu'à vôtre auenemant à la Couronne, ie ſerois à blá-
mer ſi ie ne perſeuerois auec le méme zele, veu le bon œil du-
quel il a pleu à V. M. me regarder toutes les fois que ie me ſuis
mis en deuoir de luy randre hommage de ce que i'auoy recueilli
dans le champ des Muzes. A la verité, SIRE, i'euſſe deziré m'i prezanter à cette heure à l'acoutumée, auec des paroles
de réjoüiſſance, & ne m'élogner, en ce témoignage de mon
tres-humble ſeruice, du ſtile que i'ay continuellemant recher-
ché pour m'eſſayer de luy eſtre agréable. Mais puiſque les eſ-
fets du tans y rezistent, il faut ſe ranger à l'obeiſſance, &, fai-
zant ioug à la neceſſité, me rezoudre à ſes volontez. C'eſt
pourquoy, SIRE, ie me viens ietter en larmes aus piez de
V. M. luy prezantant ce que le dueil & la triſteſſe m'ont vou-
lù permetttre de ſoupirer ſur les cendres du feu ROY votre
pere, que DIEV abſolue, PRINCE à la verité ſi grand &
ſi admirable, que ie rougirois d'en ozer parler ſi les obligations
que tous les François luy ont generalemant, & la fidelité que
ie doy à V. M. ne m'i inuitoient. Ie ne doute point, SIRE,
que tel ſujet lamantable ne tire des larmes de vos yeus, auſſi

ã 4 "

d'ailleurs me promés-je qu'il fera naître du plaizir en votre
âme par le recit des merites & de la gloire de ce MONARQVE
inuincible. Et d'autant que la ioye adoucit le dueil quand elle
est mélée parmy, ie vous prezante quant é ce Poëme funebre
l'Hymne de réiouïſſace que i'avoy fait ſur l'Entrée de la REY-
NE. ſi parmi l'vn V. M. conçoit des objets de triſteſſe, elle en
trouuerra dans l'autre de parfait contantemant, étant comme
vne Idée du Triomfe qu'elle attand quand elle aura eſté ſacrée
de la main des Anges. Puis, SIRE, il ne viendra mal à propos que l'on goûte deſormais par l'oréille le ſoulas que nôtre
commun deſaſtre a ſi mizerablemant raui à nos yeus, mais c'eſt
rafreſchir nos douleurs que de le ramantevoir, ie finiray
donc mon diſcours, pour ſuplier V. M. me vouloir
tant honorer que d'auoir à gré mon labeur, & de me vouloir
tenir du nombre de vos tres-fidelles & tres-deuos ſujets,
priant DIEV qu'il vous comble de ſes graces, vous
maintienne en Pais, aymé & craint ſur tous les Rois de la
terre, & me rande capable d'eſtre,

SIRE,

D. V. M. le tres-humble & tres-
obeiſſant ſujet & ſeruiteur.
C. GARNIER.

TOMBEAV

DE TRES-HAVT, TRES-AVGVSTE, ET TRES-INVINcible Prince, HENRY le GRAND, Roy de France & de Nauarre.

Bons Dieus quels effets! bons Dieus quelle
influance!
Que le trein des ſaizõs eſt rampli d'incõſtance!
„ Que le Monde eſt trompeur! ah! c'eſt la verité
„ Qu'icy bas tout n'eſt rien que pure vanité!
„ Rien d'aſſuré n'i meut, rien de ferme n'i dure,
„ Vn ombre, vn vant, vn ſonge, vne fraile verdure
„ Qui paſſe incontinant, vne vermeille fleur
„ Que Nature embellit d'vne viue couleur
„ Au naître de l'Aurore & qui meurt deſſechée
„ Quand la flamme du iour eſt ſous l'onde cachée.
Tout raui d'alegreſſe & de contantemant,
Ie reſpiroy naguere (ô ſoudain changemant!)

A

Le deziré Triomfe & la pompe naiſſante
D'vne R e y n e parfaitte en vertus fleuriſſante,
Et maintenant, comblé de triſteſſe & d'émoy,
Ie ſoupire la mort & l'abſance d'vn R o y,
Qui, ſoit en fait de païs ou ſoit en fait de guerre,
N'eut iamais ſon pareil en merite ſur terre.
     Les Vierges de Parnaſſe, à tetins decouuers,
A cheueus emperlez, en acoutremans vers,
Ayant quité leurs eaus, leurs bois & leurs môtagnes,
Leurs antres, leurs rochers, leurs vaus & leurs cam-
          pagnes,
M'auoient tant honoré que de venir monter
Les reſſors de ma lyre, afin de contanter
Les Deitez de France éternizant leur gloire:
Et ces neuf doctes Seurs, en longue robe noire,
En cheueus negligez, en ſein meurtri de couš,
Par vn effet contraire & par vn air moins dous
Me viennent réueiller d'vne ſeconde ateinte,
Dezirant que i'anonce (ô facheuze contrainte!)
Par les élancemans d'vne funeſte vois,
Le malheur qui dezole à iamais les François.
     Ie guidoy mon nauire à ſouhait par les ondes,
I'auizoy dans les Cieus les deus lumieres blondes
Qui produizent le calme, & par tout les Zéfirs
Acompagnoient ma route au vant de leurs ſoupirs.
Ore'il me faut cingler par les vagues ſalées,
D'effroy, d'horreur, d'écume & d'orage empoulées,
Sans timon, ſans lumiere, & voguer ſous l'effort

Des vans de la mizere & des eaus de la Mort.
Ha dure obeïssance ! ha volonté cruelle !
Ha Muzes ! ha ! faut-il que mon dueil renouuelle
En tels commandemans, & que ie fois tanté
D'aprandre vne infortune à la posterité,
Qui rauit à la France, à l'abord de sa ioye,
Son plus riche ornemant par vne iniuste voye.
    Ie di (le puis-je dire) ha ! ce R o y nompareil,
Qui de l'onde Hesperide au Leuant du Soleil
Auoit planté sa gloire auec tant de Trofées,
Ce grand Prince H e n r y digne de mile Orfées,
Cette perle des Roys, ce Phenix des guerriers
Qui portoit sur le front tant de braues lauriers.
,, C'est vn arest fatal, vne ordonnance expresse
,, Que tousiours les plaizirs sont mélez de tristesse,
,, Les plus beaus iours d'Eté sont les plus orageus,
,, Les bois les plus gaillars sont les plus ombrageus,
,, Les fleuues les plus dous ont le moins d'assurance,
,, Et voit-on que le foudre impetueus s'élance,
,, Eclerant & bruyant, sur les mons agitez
,, Et sur le front plus haut des plus nobles Citez.
    Presque tous les maris des cinquante Belides
Furent sacrifiez aus bors Acherontides,
Piteus euenemant, au lieu de receuoir
Les ébas amoureus qu'vn amant doit auoir.
    Hypodame & Thetis, sous Hymen assamblées,
Virent differamant leurs noces partroublées,
Thetis par la Discorde, Hypodame en l'horreur

Du carnage & du sang alumez de fureur,
Et les Princes Troyens, au milieu de leur feste,
Des vins & du repos, seruirent de conqueste
Aus gens-d'armes Grejois, qui, fiers en cruautez,
Bornerent par leur mort leurs douces voluptez:
,,Ainsi vont les Destins à qui l'on rand homage,
La France dezolée en donne témoignage.

    HENRY, ce grand MONARQVE, auoit déja
      par tout
Les coins de l'Vniuers semé de bout en bout
Sa valeur indontable, & déja ses loüanges
Rauissoient les espris des nations étranges.

    Le nom du grand HENRY, la merueille des Rois,
Etoit leur entretien, courant dessur leur vois
Iour & nuit, à toute heure, & le iugeoient samblable
Aus habitans des Cieus, quand d'vn œil effroyable
Ils étonnent les airs, & que sur les humains
Ils dardent courroucez la rigueur de leurs mains.

    Ce ROY qui dispozoit de la chance des armes,
Ce Pere des soldas, ce Prince des gens-darmes
Que DIEV fauorizoit miraculeuzemant,
Voulant régir le Monde autant heureuzemant
Qu'il regissoit la France, & valeureus & iuste
Le ranger à ses lois comme Cezar Auguste,
Il fit soudainemant, tel qu'vn autre Dieu Mars,
Au son de la trompette armer tant de soudars
Que la noire campagne en tous lieus engagée
De fer & de cheuaus demeuroit ombragée.

Tant

Tant de canons iamais on n'entandit marcher,
Les armures du croc on voyoit détacher,
On les mettoit en point, on les faizoit reluire,
Et déja la Victoire amplemant faizoit bruire
Que HENRY, le premier de tant de Roys diuers,
S'en aloit conquéter le rond de l'Vniuers.

Les Etrangers, qui font voizins de la Frontiere,
Aprehandoient craintifs cette force guerriere,
Leur fang deuenoit froid, ils n'auoiēt plus de cœurs,
L'effroy que leur bailloit ce veinqueur des vein-
   queurs
Leur faizoit tomber l'ame, affurez de leurs pertes,
Leurs viles s'étonnoient & demeuroient dezertes,
Leurs bourgs & leurs chateaus à l'abandõ s'ouuroiēt,
Leurs plaines de filance & d'horreur fe couuroient,
Et les plus courageus, dépouruûs de conduite,
Pour éuiter la mort fe donnoient à la fuite.

Si les proches voizins étoient glacez de peur,
Si la crainte habitoit au profond de leur cœur,
Ceus de loin ne viuoient en plus grande affurance,
Et n'eft pas iufqu'au Turc, effroyable en puiffance,
Qui ne s'épouuantât de ce mignon des Dieus,
Bien qu'il paffe en guerriers les Etoiles des Cieus.

Tandis ce ROY iugeant, d'vn entandemant fage,
Qu'il aloit commancer vn penible voyage,
Et que lon tans en guerre, auant que retourner,
Par des lieus inconnus il pourroit féjourner,
Il voulut que la REYNE, étant fa Lieutenante,

En faueur de l'Etat eût le nom de Regeante,
Et la feit couronner auec solennité,
Pour donner le rang méme à son authorité
Qu'il auoit au Royaume, & de volonté franche
Luy departir l'honneur qu'auoit la Reyne BLANCHE.
    De la cette PRINCESSE, en qui nous esperons,
Deuoit par vn Triomfe, entre mile clairons,
Entrer en son PARIS : tout flamboit d'alegresse
A l'abord deziré d'vne telle PRINCESSE.
    La Concorde & la Païs marchoient de tous côtez;
Iamais tant d'apareil ny tant de raretez
Ne brillerent sur terre, ah cruelle infortune !
Ah rigueur ! ah tristesse ! ah douleur importune!
Au comble des plaizirs & des ébatemans,
Des charmes, des soulas & des contantemans
HENRY vient à mourir, ah fatale iournée!
Malheureus accidant ! ah fiere destinée !
Mais commant ? finit-il de naturelle mort
Es bras de son Epouze ? ah lamantable sort !
Au fons de son carosse vn barbare homicide,
Vn bourreau mizerable, vn traître parricide
Tua prés de son LOVVRE, en l'enclos de PARIS,
D'vn couteau ce bon PRINCE entre ses fauoris,
Horreur épouuantable ! ainsi mourut Achile
Etant deuant les murs de la Troyenne vile,
Ainsi mourut Cezar étant dans son Palais,
Enfanglanté de cous par ses mémes valais.
    Malheureus fut celuy qui du fons de la terre

Premier tira le fer inftrumant de la guerre,
Il étoit de fer même, & plus cruel cent fois
Que tous ces animaus qui frequantent les bois.
    Les meurtres, les combas eurent par luy naiffance,
Il fit la Mort legere, il la mit en puiffance
De racourcir nos iours, & de guider nos pas,
A moins d'vn clin de tefte, où regne le trépas.
De là que de malheurs ont couru les Prouinces!
Que d'hômes terraffez! que de Roys! que de Princes!
De là ce Monftre horrible, oprobre de nos iours,
A tué nôtre PRINCE au plus beau de fon cours.
    Ah traître! ah déloyal! où vizoit ton courage!
Quel Demon te pouffoit! quelle erreur! quelle rage!
DIEV cherit-il le meurtre? ha! quand vn Roy feroit
Le plus méchant qui viue il ne s'accorderoit
A le faire tomber fous le glaiue homicide:
Mais quel étoit le nôtre (ô méchant Arfaffide)
Vn PRINCE dous, clemant, fans colere & fans fiel,
Qui reftoroit l'Eglize, vn fauorit du Ciel,
Qui maintenoit la Païs, honoroit la Iuftice,
Et bref l'épouuantail des excez & du vice.
    La bonté de ce Roy te deuoit aréter,
Sa naïue douceur pouuoit des-agiter
La fureur de ton ame, hé quoy? fi les gens-d'armes
Les plus hardis qui foient au manimant des armes
Redoutoient ce Guerrier, & fi les plus fors Rois
Deuant fes MAIESTEZ ont pâli tant de fois
Iufqu'a tourner le dos, comme eus-tu l'affurance

D'ataquer, inhumain, cet Hercule de France?
　　Ie n'ayme point le sang, ie hay les cruautez,
Mais (i'en prans à témoin les saintes Deïtez)
Ie voudroy, pour tout bié, que l'on m'eut fait la grace
De t'auoir mis à mort, i'eusse été l'outrepasse
Des plus cruels boureaus, & dis ans de tourmant
Ne m'eussent rien parù qu'vne heure seulemant.
　　Pourquoy suis-je François! que ne suis-je vn Tar-
　　　tare!
Helas! puis qu'vn François eut l'ame si barbare;
Ha! François qui viuiez si comblez de renom,
Quelle tache a bruni l'éclat de vôtre nom,
François vient de Franchize, & du nom de fidelle
Sur toutes nations les François on appelle.
　　Non ce Monstre nouueau ne fut iamais François,
Vne Louue cruelle, vne Lionne ainçois,
A qui tous les Demons auoient preté la vie,
Luy tandit la mamelle es dezers de Lybie.
　　Ie vy ce Tigre fier quand il a la mourir
D'vn suplice trop dous, ah! ie cuiday perir
En voyant tel Prodige, & depuis l'heure méme,
Vne dure tristesse, vne langueur extréme
A passé dans mes ners, & mon cœur afligé,
Dés ce malheureus iour est demeuré changé
Comme ceus qui iadis, auec trop peu de ruze,
Auoient consideré la face de Meduze.
　　Ah! Gardes, ah! commant laissiez-vous aprocher
Vn tel Monstre d'vn Roy qui nous étoit si cher;

Ah ! que dans Saint Denis , & même dans l'Eglize
,,(D i e v qui maintient les Roys & qui les authorize
Vous en eût aprouuez) ne le ranuerfiez-vous
Etandu fur la place outré de mile cous.
　　Ah ! S i r e , ah ! la douceur qui vous fut naturelle
A cauzé votre mort impiteuze & cruelle,
Votre même bonté vous a mis au cercueil,
Et nous en portons , S i r e , vne trifteffe, vn dueil
Qui ne mouront iamais , ah ! pardon grand M o-
　　n a r q v e ,
Vous auez mis la France au giron de la Parque,
On n'i vit qu'en mourant , on s'i tire aus cheueus,
On fanglotte , on lamante , on n'i fait plus de veus,
Le defefpoir i regne , & toutes ces merueilles,
Cet or & cet argeant , ces beautez nompareilles
Qui brilloient dans P a r i s , ces Tableaus diferans,
Ces Arcs, ces Chapiteaus ne font plus fur les rans,
Ils ont changé de face, on n'i voit que tenebres,
Que cierges alumez , qu'aparances funebres,
Moines, Crois, triftes chans y marchét tous les iours,
Et cette grand' P r i n c e s s e , où vos faintes amours
Auoient fait leur Palais, n'eft plus cette P r i n c e s s e
Qui le Ieudy parut auec tant d'alégreffe
En pompe à Saint Denis, elle n'a plus ce teint
De Lys blancs & d'œillets que la Grace auoit peint,
On ne la connoit plus , elle n'eft plus compagne
De ce R o y qui changeoit le fceptre d'Alemagne,
Et qui deuoit rejoindre , en faueur d'vn L o y y s ,

La vieille Aigle Romaine aus saintes fleurs de Lys.
  Elle est comme Alcione, apres que la tampaîte
Eut en mer répandu flos sur flos sur la taîte
Du bon Roy son Epous, Ceix qui ne voulut pas,
Bien qu'on l'en aduertit, retarder son trépas.
  Mais quel est-il ce Roy dont la France est dolante?
Quel est ce Demy-Dieu que la terre lamante?
Vn PRINCE incomparable, vn MONARQVE où
  les Cieus
Auoient comme à l'enui répandu tout leur mieus.
  Saint LOVYS fut ayeul de ce ROY magnanime,
Le trauail indonté, qui les Princes anime,
Nourit son âge tandre, & bien qu'il fût du sang
Et de l'Etre de ceus qui cheminent au rang
Des premiers Roys Chretiens, il eut même auanture
Que les pauures soldas qui ronflent sur la dure.
  Du côté Maternel il fut proche des Roys
Qui fleurissoient naguere au siecle des VALOIS,
Ayant pour son Ayeule vne perle en merite,
La sçauante, diuine & sage MARGVERITE,
Seur de FRANÇOIS Premier, & d'vn même côté
Des LVXAMBOVRGS encore il fut aparanté.
  Mais que la race ait lieu pour des ames sans gloire,
HENRY, dont les vertus deuançent la memoire,
N'a besoin d'aucun aide, il étoit vn Soleil
Qui dardoit sans emprunt les rayons de son œil.
  Quel Roy fut plus humain, plus acort & plus sage?
Quel Prince fut plus dous? quel homme eut d'auan-
  tage

De clemance & d'amour ? & qui pareillemant
Eut plus d'intelligeance & plus d'entandemant?
   Il fit ce que les Roys n'auoient iamais sçeu faire,
Il maintint par acord, d'vn mouuemant contraire,
Les espris diuisez, & iugeant que le fer
Donnant prize à l'erreur la feroit triomfer
A sourcis eminans plutôt que de l'abatre,
Il la fit par raizons iournellemant combatre.
   Iamais Roy n'alma tant l'Eglize qu'il fézoit,
Il cherissoit les bons, il les fauorizoit,
Donnoit les Euéchez aus hommes de sciance,
Il étoit ennemy de la vaine dépance,
Royal en batimans, en Palais, en Chateaus,
Si richemant ornez, si parfaitemant beaus,
Que l'Etranger raui, ne sçachant plus que dire,
Iugeoit vn Paradis que le François Empire.
   Il fut sage en Epargne, & qui voudroit blâmer
Vne telle vertu que l'on doit estimer
,,Il auroit vn grand tort : par argeant on conserue
,,Les Royaumes puissans, & l'argeant de rezerue
,,Baille plus de terreur aus Princes étrangers,
,,Que les plus fiers objets des plus cruels dangers.
   Il n'étoit point iureur, il étoit équitable,
Ferme, pront & constant, fidelle & veritable,
S'il en fut iamais vn, reueré, bien aymé,
Sur tous les Potantas de la terre estimé.
,,L'homme n'est point vn Dieu, ce Prince aimoit
    les femmes,

Dauid les ayma bien, Sanson viuoit des flammes
Qui partoient de leurs yeus, & (si l'on veut ietter
Les fables en auant) le grand Dieu Iupiter,
Bien qu'il eût en ses mains l'éclair & le tonnerre,
Il fit honneur aus traits dont l'Archerot enferre
Les hommes & les Dieus & n'est pas iusqu'à Mars
Qui n'éprouue en son cœur la pointe de ses dars.
,,Amour est naturel, mais comme les montagnes
,,Paroissét mieus de loin que ne font les campagnes,
,,De méme les amours des Grands assujétis
,,Paroissent mieus à l'œil que celles des petis,
Et quand ils ne feroient que mouuoir leurs œillades,
Chacun diroit qu'Amour les a randus malades.
    Quitons ces diferans, passon tant de vertus
Dont cet heureus MONARQVE eut les sens reuétus,
On ne les peut nombrer, c'est vne mer profonde,
C'est vn goufre, vn Cahos, vn firmamant, vn monde,
Parlon de sa valeur, & touchon les combas
De ce Roy qui passoit tous les Roys d'icy bas.
Il ne faut point trahir de si dignes loüanges,
Et bien qu'elles ne soient que pour la vois des Anges,
Bien qu'Homere tramblât en les voulant toucher,
Ne craignon le desastre, imitons le Nocher,
Qui pour gaigner de l'or aus étranges riuages
Se donne à la mercy des vans & des orages.
    Alexandre & Cezar qui furent si vaillans,
Qui ramportoient l'honneur sur tous les bataillans,
Ces foudres, ces guerriers, dôt les nobles conquaîtes

D'vn

D'vn bois de lauriers vers couronnerent leurs taîtes,
Ces Renaus, ces Rolans qui firent tant d'explois,
A l'égal de HENRY, la merueille des Roys,
Etoient des aprantis au métier de la guerre:
C'étoit par les combas vn orage, vn tonnerre
Cinq cens fois plus à craindre & plus à redouter
Que celuy qui flamboye és mains de Iupiter,
Et frapant les rochers, que l'on ne peut diffoudre,
Les brize, les confomme & les reduit en poudre.

Quand ces Princes viuoient acomplis de renom,
Rampars ny rauelins, ny foffez, ny canon,
Defances, éperons, parapets ny terraffes,
Moufquets ny piftolets, ny petars ny cuiraces
N'étoient commé ils font ore, & les hommes ferrez,
Par le front, par les flans des bataillons quarrez
Ne débandoient alors, d'vne étrange furie,
Les boulets à l'égal de nôtre Infanterie.

L'on eût conquis plutôt vn grand pays entier
Que d'auoir vn logis, enleuer vn quartier,
Et l'on eût plutôt mis vne grand' vile en cendre,
Que de faire vne tour ou quelque moulin randre.
Voila comme HENRY, le Roy de l'Vniuers,
Surpaffoit en valeur tant de Princes diuers
Comme il les deuançoit d'amour & de clémance:
Voila comme HENRY le bouclier de la France,
Bataillant iour & nuit fans crainte des hazars,
Auoit terni la gloire & le nom des Cezars.
Ce Phenix, ce grand Mars qui fut fi redoutable,

Ce parangon des Roys qui fût tant admirable,
Ne rancontra iamais les ennemis aus chams,
Qui ne les abatît deſſous les coüs tranchans
De ſon glaiue terrible, & que ſa main guerriere
Ne les enſeuelit dans l'ombreuze riuiere.

Son front les étonnoit, & redoutoient ſes yeus
Comme on fait la tampaîte & les flames des Cieus,
Quând par le bras du Cancre, alumé d'étincelles,
Phebus ouure la terre & blondit ſes jauelles.

Mains Roys ſont honorez du fait de leurs ſujets,
On leur donne leur gloire, & met-on leurs projets
En leur nom bien ſouuant au courant de l'Hiſtoire;
Mais quel nom, quel honneur, quel pris & quelle
  gloire
N'a merité HENRY? ce preus, ce vaillant ROY,
Comme vn ſimple gendarme, à trauers de l'effroy
S'eſt touſiours rancontré parmy les embuſcades,
L'acier, les piſtolets & les harquebuzades,
Les piques, les cheuaus, les maſſes, les harnois,
Encourageant les ſiens & de cœur & de vois.

D'éloigné qu'il étoit & banni de ſes terres,
De pauure & mal-aizé par la ſuitte des guerres
(Merueille incomparable!) il ſe feit Roy puiſſant,
En grandeur, en threzors, en vertus floriſſant.

Il conquit en ſis ans la France reuoltée,
D'vn courage inueincù, d'vne force indontée,
Meit l'Eſpagnol en route, &, par ſes vaillans fais,
L'inuita de contrainte à demander la Païs

A son des-auantage, en luy randant ses viles,
Ses fors & ses chateaus ; & nos plaines tranquiles
Veirent àdonc marcher en leur sein, deus à deus,
Au lieu des Regimans, les cheuaus & les beus.
Tout ce remit en ordre, & cette belle Astrée,
Cette Nymfe au dous œil (qui dans cette contrée
Flâbe encore auiourd'huy par le vouloir des Cieus)
I vint rafferener les flos iniurieus
Qui lançoient nôtre poupe en l'effort de l'orage
Sur le front des rochers voizine du naufrage.

  Diray-ie les assaus, tairay-ie les combas
Où ce Roy versa tant de gens-d'armes à bas?
Dois-je mettre en auant toutes ses entreprizes,
Rancontres, sieges, cous, batailles, & surprises?
En diray-je le nombre ? ha ! la vois me faudroit
Parauant la matiere, & l'homme plus adroit,
Et le mieus auoüé des neuf brunes Pucelles,
Ne pouroit mettre en bruit des conquaîtes si belles.

  Ie me sens tout pareil aus bergeres qui vont
En May dans les iardins où les fleurettes sont:
Vn giroflier paroît, vn œillet se rancontre,
Vne roze étincelle, vne flambe se montre,
Vn Lys, vn hyacinthe, & voyent tant de fleurs,
Tant de rares beautez & de riches couleurs
Deçà delà briller, qu'elles ne peuuent dire
Lesquelles d'assurance elles veulent élire.

  Ainsi parmy les faits du grand Prince HENRY,
Qui fut des plus grans Dieus le plus cher fauori,

I'en voy tant réplandir que ie ne puis entandre
En mon ame à laquelle ores ie me doy prandre.

   Si ie veus témoigner ses combas valeureus,
Les assaus diferans d'vn R o y si genereus
Eueillent mes espris, & si ie m'auanture
D'en parler en mes vers, alors ie me figure
Ses batailles de pris, leurs cous & leurs effors
Qui ioncherent la plaine & de sang & de mors.

   Qui, des peuples brulez iusqu'aus châs de Scythie,
Peut ignorer commant P A R I S assujettie
Releua sa franchize ? & qui de l'Inde, au bord
Où Phebus en la mer ses paupieres endort,
N'a iamais entandu la prize & la reprize
D'Amiens sur l'Espagne à force reconquize?

   On sçait trop comme Lan fut repris sur vn mont,
Or' qu'il fût imprenable & qu'il samblât de front
Ariuer dans les airs, on sçait comme la Fere
Par contrainte échapa les prizons de l'Ibere.

   Ha Fontaine Françoize irois-tu dans l'oubli!
Toy qui veis de tes yeus ce grand PRINCE, ennobli
Des faueurs de là haut, terrasser deus mile hommes,
N'étant acompagné que de cent gentis-hommes!
Genereuze vertu! courage de lyon!
Tout ce qu'on a chanté des guerres d'Ilion
Seroit ores voilé si le Chantre de Grece
Eût connu de son àge vne télle prouësse.

   Arques n'est rien qu'vn songe, Yuri n'est rien qu'vn
     vant

Auprés de ce miracle, &, s'il faut plus auant
Penetrer les effets d'vne telle victoire,
Le succez de Bretagne aura manque de gloire.
    Mon esprit est confus en tant de nobles faits,
Sur tous les faits de guerre vniquemant parfaits,
I'ay les sens ébloüis, ô mon DIEV quelle suitte!
Comme des Cheualiers qui viennent sans conduitte
Deuers le randez-vous, ie voy de tous côtez
Les gestes de HENRY flamboyans de clartez.
Sedan vient d'vne part & le camp de Limoges,
De l'autre i'aperçoy les mons des Alobroges
Sous les canons trambler, & comme les Hyuers
Donnât place aus Iumeaus les chams paroissét vers,
De méme apres l'horreur de tant de canonnades,
Apres le feu, le sang, apres les mousquetades,
Ie voy dessur les flos à branle d'auirons,
Au milieu des haubois, des fifres, des clairons,
Voguer d'vn méme trein que feroient les Déesses,
La REYNE son Epouze & l'honneur des Princesses
Qu'il attand sur la riue & du cœur & des yeus;
Il est enuironné des François Demi-Dieus,
Et paroît dessur eus de port & de vizage
Comme feroit vn pin sur vn moindre bocage.
    Ha! qu'vn si rare PRINCE, vn ROY si valeureus
(O Ciel! ô mer! ô terre! ô Destins rigoureus!)
Soit tué d'vn belitre, ha perte ireparable!
Ha douleur! ha tristesse à iamais deplorable!
Malheureuze auanture & malancontreus sort,

Que de telle vermine vn tel honrme soit mort!
  Les outre-coulemans des plus grandes riuieres,
Les Tans des-ordonnez, les tampestes meurtrieres,
Les opozitions de Lune & de Soleil,
Et, bref, tous ces Deuins nous faizoient voir à l'œil
Ce malheureus dezaftre, & le coup de tonnerre
Qui s'entandit en Mars annonçoit par la terre,
Affez apertemant, que son Mars abatu
Deuoit bien-tôt mourir en perdant sa vertu.
  Les Cieus à tel abord de tristesse pleurerent,
L'air deuint nuageus, les Aftres se voilerent,
Phebus eut le teint bléme, & Diane, qui luit
Pour faire vn nouueau iour en l'obfcur de la nuit,
Roüilla son clair vizage, & la treffe argentée
De son poil éclérant deuint enfanglantée.
  Toute choze fremit en cet éuenemant,
Et PARIS deffur tout, faizi d'étonnemant,
Fut vn cors priué d'ame, ha! que ce petit Monde,
Cette plaine des Lys qui n'a point de feconde,
Ha! DIEV, que ce rampart de creance & de foy
Témoigna de feruice & d'amour à fon ROY!
  Ce n'étoit que foupirs, ce n'étoit rien que larmes,
Sanglos, gemiffemans, compleintes & vacarmes,
Les vns croizoient les bras, les autres, qui plomboiét
Leur eftomac de cous, en defaillant tomboient,
Les autres sans mouuoir adoroient le filance,
On aloit, on venoit, on portoit la famblance
De la Mort fur le front, d'autant qu'à cettefois

On perdoit sans retour le Pere des François.
　Tel bruit vers le Printãs, sur les branches nouuelles,
Font les petis oizeaus & du bec & des ailes,
Quand leur pere ou leur mere, atrapez sous la glus,
Pres d'eus, comme deuant, ne se rancontrent plus.
　Si PARIS fut en dueil toute la France encore
En tous lieus a fait voir commant elle déplore
Vn Roy si magnanime & si plein de bonté:
Les patoureaus des chams l'ont même regretté,
Leurs troupeaus l'ont gemi, couchez à la ranuerse,
Tout soupire & lamante vne fin si diuerse,
Les chantres peinturez des forays & des bois
Pour y contribuer ont acordé leur vois,
Les fleurs & la verdure en ont panché la taîte,
Et les arbres fueilus, comme si la tampaîte
Auoit en leur disgrace épandu sa rigueur,
Afin de leur ôter leur force & leur vigueur.
Et si toute la France a randu témoignage
De l'extreme douleur qui touchoit son courage,
Les Etrangers de même ont témoigné commant
Ils en auoient reçeu du mécontantemant.
　L'Italie a maudit cette perte comune,
La Flandre & le Piémont en si dure infortune
Ont ietté des soupirs, le Turc en a pleuré,
Ceus qui boiuent le Rhin, qui l'auoient deziré
Pour être leur Seigneur, en ont formé des pleintes;
Le Roy de la Tamize à reçeu les ateintes
De son departemant, & les peuples gelez

Qui demeurent vers l'Ourse, & les Mores brulez.
Et pourtant si naguere & la France & l'Espagne
Ont de leur sang contraire abruué la campagne,
L'Espagnol en son cœur a lamanté dequoy
Les Roys sont peu de choze ayant perdu ce Roy.
,,   Mais quoy? la Mort prand tout, il s'i faut tous re-
            zoudre,
,,Les Grans & les petis elle reduit en poudre,
,,Et sans auoir respect des Princes couronnez
,,Ils sont comme artizans par elle moissonnez.
Hector & Sarpedon l'ont connu deuant Troye,
Achile & Menelas par vne même voye
Ont borné leur destins & Troïle & Pâris,
C'est toutesfois beaucoup de perdre trois HENRYS
Tuez en cinquante ans, & de voir par outrance
Hors de guerre épancher le sang Royal de France,
Et voir ainsi meurtrir vn Roy si valeureus,
Qui nous tenoit en païs, & nous randoit heureus,
Non pas seulemant nous, mais tout ce qui respire
D'où le Soleil éclaire & d'où son char il vire.
      Il auoit tant & tant de hazars échapez,
Tant & tant d'assassins & de malheurs trompez.
,,Mais souuant le nauire échapé de l'orage
,,Se ront par vn tans calme & se perd au riuage.
      On ne le verra plus, il est ores là haut
Iouïssant du bon-heur qui iamais ne deffaut,
Il nous void dessous luy, iamais dessur la terre
On ne verra marcher ce vaillant chef de guerre,

S'en

S'en eſt fait, il eſt mort, il eſt à Saint Denis,
Où ſont les cors des Roys quand ils ſont des-vnis,
Hier (quel changemant!) il y fut pour conduire
Son Epouze en triomfe, & n'auizoit-on luire
Que riches Diamans, auiourd'uy, par vn ſort
Qui nous met tous enſamble aus riues de la Mort,
(Ah! les Neueus vn iour le pouront-ils bien croire?)
Il y va talonné d'vne grand'ſuite noire,
De cierges alumez, de torches & de Crois,
Tels ſont les Aſcendans & les Deſtins des Roys.

   A tout iamais les fleurs enuironnent ſa Tombe,
L'ouurage de l'auette en abondance y tombe,
Le nectar & la manne, & ſoient veus à l'entour
Les bâmes odoreus y fleurir nuit & iour.

   O LOVYS! ô FRANÇOIS! que vos Tõbes grauées,
Sur les autres de pris noblemant éleuées
D'vn orgueil admiré, commançent de fléchir
A celle de HENRY, que l'on doit enrichir
Auec plus d'artifice, à fin que la memoire
Deſormais en connoiſſe & l'honneur, & la gloire.
„   Que dis-ie la memoire? ha! le marbre n'eſt rien,
„ Le Tans en fait ſon propre, il faut vn autre bien
„ Pour la faire durer, & l'airain ny le cuiure
„ N'ont tant d'authorité que les enfans d'vn liure.
   Il conuient par les vers luy dreſſer vn Tombeau
Qui les âges ſurmonte, & ne craigne ny l'eau,
Ny le feu, ny les vans, ny la tampaîte fiere:
Quant à moy ſi ie l'ay dés mon âge premiere

D

Celebré iour & nuit, il faut qu'en ce deuoir
Le sache redoubler ma force & mon pouuoir:
Et bien que mes Destins & leur dure influance,
Ay'nt élogné mes vers de la recognnoissance,
Ie m'i sens obligé, mon Pere eut cet honneur
De le suiure iadis, & perdit ce bon-heur,
Aprés deus ans complets, au gré des maladies
Qui randirent par tout ses forces engourdies.
  O ROY qui fus si grand, si puissant & si fort,
Et n'és rien de prezant qu'vn ombre de la mort,
Vne vaine pouffiere, vn triomfe des Parques,
O le plus valeureus des plus vaillans MONARQVES!
Repoze maintenant quanté les bien-heureus,
Et parmi tant de biens ne sois plus dezireus
„Des Royaumes d'embas, c'est vne onde qui passe,
Le bien dont tu ioüis tous les autres surpasse,
Et le nectar diuin qu'à cette heure tu bois
Vaut mieus que tout l'auoir des Princes & des Roys.
  Et vous Roy des François qui venez d'vn tel Pere,
Vous mon PRINCE LOVYS, qui sortez d'vne Mere
Si pleine de vertuz, regnez, & faites voir
Aus comuns yeus de tous quel est votre pouuoir:
Croissez en tout bon-heur, conseruez la Iustice,
Refrennez les excez & corigez le vice,
Aymez & craignez DIEV, maintenez vos sujets,
Et tel que Saint LOVYS ayez de tels objets.
  Ce grand DIEV qui peut tout regira votre enfance,
Il a tousiours montré qu'il veilloit pour la France.

Vous l'aurez pour conduite, il ne vous laicra point,
Vous êtes son image & vous estes son Oint.
  C'est luy qui donne force & non point les armées
Le ieune successeur des plaines Idumées,
Ce vaillant Prince Hebrieu, qui fit tant de combas,
Rua des Philistins le General à bas.
Et, si nous voulons croire aus Poemes de la Grece,
Hercule aus ans premiers de sa tandre ieunesse,
Demontrant son merite en ce premier effort,
Triomfa des serpans qui demandoient sa mort.
  Fuyez toute rigueur, abhorrez la vangeance,
Comme le Roy defunt honorez la clemance,
Elle est fille des Cieus, & n'est rien de plus dous
Que ses beaus yeus diuins qui sont aimez de tous;
Les Dieus en font du cas, cherissez-la deméme,
Toutesfois si l'on porte à vôtre Diadéme
Du respect moins qu'il faut, prenez cóme les Dieus
Le tonnerre en vos mains, & d'vn bras furieus,
En mile tourbillons, débandez la tampaîte
Dessur les malueuillans & leur brizez la taîte.
  Viuez, croissez, regnez, conseruez-nous en païs,
Et si vous aprouuez tous les vers que i'ay faîs
Depuis vôtre naissance, en vous randant homâge,
Si l'ardeur qui m'échaufe & l'ame & le courage
A vous randre seruice a penetré vos sens,
O Roy tout le plus grand des Roys plus fleurissans!
O notre chere attante! inclinez à ces larmes,
Que i'apans à front bas à la gloire des armes,

Le feu Roy votre Pere, & ne regardez point
Si le chant de ma Lyre étant si mal en point
Vous aborde l'oreille, he ? qui pouroit bien, SIRE,
Qui pouroit bien toucher les accors d'vne Lyre,
Fuſſe vn Pindare méme incomparable à tous,
Parmi le commun dueil qui ſe roule entre nous ?

FIN.

HYMNE TRIOMFAL QVI

AVOIT ETE' FAIT POVR L'EN-

trée de tres-Chrestienne & tres-Auguste Princesse
MARIE de MEDICIS, à prezant Reyne
Regente & Mere du ROY.

QVAND i'auroy protesté d'vne vois solennelle
De ne plus randre hommage à la bande im-
    mortelle
Des Nymfes de Parnasse, ou quand bien ie n'aurois
La vertu de chanter les Princes & les Roys:
Pourtant m'éueillerois-ie en ce tans où nous sômes,
Voyant deuant les yeus de plus de cént mile hômes
Etrangers & François rauis de toutes pars,
Triomfer vne REYNE à l'égal des Cezars,
Mais qui ces Empereurs deuance en la maniere
Qu'vne profonde Mer vne basse riuiere.

   Hausse ta porte ô l'heur & l'honneur des Citez,
PARIS ville sans pair, en qui les Deitez
Ont d'accord répandu leur meilleure influance:
O la perle du monde! ô l'Astre de la France
Dont les rayons prizez decorent l'Vniuers)
C'est toy qui dois ioüir de tous les biens diuers
D'vn Triomfe si rare & si plein de merueille,

D iij

Sus donc, hauſſe ta porte, ô Ville nomparielle,
Afin de receuoir en tes bras éjouïs
Celle qui nous rebaille vn autre Saint LOVYS.
　　N'eſt-ce pas la raizon qu'vne grande PRINCESSE
Que rien ne parangonne, ains vne grand' Déeſſe
Entre en pompe chez toy, qui n'as rien de pareil
Des bors de l'Oriant au Couchant du Soleil?
　　Hé? bons Dieus! quelle ville icy bas eſt egale
Au miracle parfait de ta grandeur Royale?
Hé? quelle ville au Monde eſt plus digne que toy
De receuoir en elle vne Epouze de Roy?
Le plus heureus MONAROVE & le plus braue en guer-
Qui iamais ait paru ſur le front de la terre.　　(re
　　Vn grand fleuue t'aroze, & fand par le milieu
Ton ſein fertile & dous qui nourriroit vn Dieu:
Mile Palais en toy s'éleuent iuſqu'aus nuës,
Mile Tamples ſacrez: & tes pons & tes nuës
(Soit que le iour éclaire abandonnant les eaus,
Ou que la nuit ombreuze arange ſes flambeaus,
Ou que Diane montre vn lumiere blonde)
Sont touſiours en tout tans acompagnez de monde.
　　Chez toy les Roys de France ont leur premier ſe-
Les plus rares beautez de l'Empire d'Amour　(jour,
En toy font leur demeure, & tirent des œillades
Pour randre tout d'vn coup mile peuples malades.
　　Tu fais viure les ars, tu donnes iour aus Lois,
Tu produis la Nobleſſe, & l'inſtruis pour les Rois
Au métier de la guerre, & les meilleurs gens-d'armes

Par toy sont couronnez au milieu des alarmes.
　Ton los est infini, pourtant ce n'étoit rien
Manquant de ce Triomfe, a été pour vn bien
Rezolu dans les Cieus, Triomfe incomparable,
Qui témoigne le pris & la gloire admirable
D'vne Reyne parfaite, & de bon-heur aussi
Qui redonda sur nous quand elle vint icy.
　Parauant tout par tout les Fureurs animées
Couroient & rauageoient, on ne voyoit qu'armées,
Sieges, combas, assaus, & l'acier & le fer
Montroient auec horreur l'image de l'Enfer.
　Pietons & Cheualiers dezertoient les campagnes,
Les enseignes branloiét ans croupes des môtagnes,
L'air étoit ensoufré de poudre & de boulets,
Picques, lances, épieus, glaiues & corcelets
,, Etoient au lieu des blez, mais tout icy bas change,
,, Le Tans pront & leger, qui toute choze mange,
,, Ainsi le delibere, ainsi le peut-on voir
Par cette grande Reyne en qui gît notre espoir.
　Bien heureus est celuy qui maintenant respire
Afranchi de la tombe, afin de voir reluire
Son Triomfe celebre, ha ! que de raretez
l'auize en mon esprit flamber de tous côtez.
　Vne Pompe samblable auoit son étanduë,
Quand la Mere des Dieus, en son char atanduë,
Au gré des Immortels arriuoit dans les Cieus:
Mainte crespe ieunesse, au beau front, aus beaus yeus,
Aus lons cheueus dorez, à la face atrayante,

Aloit deuant son chard d'vne grace riante,
Les vois, les instrumans, les tabourins sonnoient,
En diferans accors, les mons en rézonnoient.
    I'entan déja le bruit des trompettes qui sonnent,
Des cloches, de tábours, i'oy les canons qui tonnét,
I'oy bruire les hausbois, les fifres, les clairons,
I'oy retantir le peuple en tous les enuirons,
Ie ne voy que Tableaus, ie ne voy que Trofées,
Chifres, Palmes, Lauriers, Colones étofées,
Deuizes, Chapiteaus; ie ne voy que soudars,
Que cheuaus emplumez, les delices de Mars,
Reuenans, retournans, à passade, à courbettes:
Ie voy par les maizons tant de beautez parfaittes,
Qu'ébloüi de leurs rays en mon entandemant,
Ie ne me connoy plus tant i'ay d'étonnemant.
    Ie voy le Magistrat le plus grand de l'Europe
Et l'Vniuersité fille de Caliope;
Vn nombre de sçauans & de prudans les suit,
Tout flambe d'écarlate & du pourpre qui luit,
Tout éclaire, tout brille, & comme les Etoiles
Réplandissent en May quand la nuit tand ses voiles,
I'auize le Clergé, dont l'éclat sur-humain
Voudroit ceder à peine à l'éclat du Romain.
    Le Soleil, amoureus d'vne feste si belle,
Campé dans les Iumeaus, & dardant l'étincelle
Qui repare le monde, il réchaufe les airs,
Et n'est pas iusqu'aus chams qui n'en paroissent vers,
    Deja les arbrisseaus de fueilles se ramparent,

Deja

Deja les prez molets de fleurettes se parent,
Déja les ruisselets murmurent à l'enui,
Déja les oyzillons d'vn accord ressuiuy
Font les bois rezonner, & les ieunes bergeres,
A pas entre-choquez, sur les tandres fougeres
Trepignent bons sur bons, & chacune à son tour
Faît retantir l'honneur de ce bien-heureus iour.
   Si les rochers pouuoient ils randroiét témoignage
Comme ils en sont touchez, & n'est grotte sauuage
Qui ne voulût montrer, auec felicité,
Quel amour elle porte à la diuinité
D'vne si grande REYNE : aussi la Vierge Astrée
Par elle a fait retour dedans cette contrée,
Par elle nos malheurs ont retranché leur cours,
Par elle nos citez, nos chateaus, nos fausbours
Sont rantrez en commerce, & nos plaines tranquilles
Si tôt qu'elle y marcha redeuindrent fertilles.
   Au regne de Saturne on veit telle saizon,
Ie di quand de soy-méme en tous lieus, à foizon
La terre produizoit toutes sortes de chozes;
Que le front des rochers se couronnoit de rozes,
Que de lait & de vin les fleuues regorgeoient,
Que de manne & de miel les forays se chargeoient,
Qu'Amour étoit sans fainte, & que iamais la guerre
Aus dépans des humains n'auoit rougi la terre.
   Combien nous luy deuons! que nous sômes tenus
Aus charmes de ses yeus des grans Princes connus!
Beaus yeus victorieus, dont l'infaillible ateinte

E

Conquit vn Roy veinqueur, l'épouuáte & la crainte
Des Roys plus redoutez, & qui pareillemant
Au bruit de són renom la conquit iuſtemant.
Car les Deſtins iugeoiét, dés mainte & mainte annéé,
Que de leur mariage vne race bien née
Viendroit vn iour en eſtre, & que de ſa Grandeur
Tout l'Vniuers entier empliroit ſa rondeur.
  Iadis comme vn prodige vne Reyne Marie*
(Conduizant par la main l'horreur & la furie,
La mort, le feu, le ſang, & bref mile étandars
Boufans ſous la rîgueur de Bellone & de Mars)
Atterra nos citez, embraza nos vilages,
Détruizit nos moiſſons, gâta nos labourages,
Nos arbres & nos fruits : Elle, d'vn pareil nom,
Dezireuze de viure en plus iuſte renom,
Les maintient, les reſtore, & comme en Idumée
Saba Reyne parfaite en vertus renommée
(Vizitant vn MONARQVE en tous biens plantureus)
Epandit en chemin les bâmes odoreus
Qui viennent iuſqu'à nous, cette REYNE de méme,
Vizitant ſon PARIS d'vne gloire ſupréme,
Laîtra de tous côtez, non ſans proſperité,
L'amour & la concorde à la poſterité.
  Mais quel aize me touche & le cœur & l'oreille?
Quel dous rauiſſemant acompli de merueille?
Hauſſe ta porte ô l'heur & l'honneur des citez!
PARIS vile ſans pair, en qui les Deitez
Ont d'accord répandu leur meilleure influance:

O la perle du Monde! ô l'Aſtre de la France!
Il conuient receuoir en tes bras éjoüis
Celle qui nous rebaille vn autre Saint LOVYS.
  Tu connois ſa Grandeur, ce n'eſt vne PRINCESSE
De qualité moyenne, elle eſt vne Déeſſe
REYNE de maint païs, & dont le noble ſang
La peut faire en tout lieu marcher au premier rang.
  Elle eſt des MEDICIS, elle eſt de ceus D'AVTRICHE,
Niéce d'vn Empereur, elle eſt ſage, elle eſt riche
D'honneurs & de vertus, & n'ayme rien ſi fort
Que de voir ton ſejour & d'ancrer à ton port.
  Le Triomfe aparoît, voicy déja les Gardes,
Mouſquets, piques, drapeaus, morions, halebardes
S'éleuent à mes yeus; voicy les Cheualiers,
Qui deça, qui delà paroiſſent à miliers
D'vne grace éminante, ha que de pierreries!
Ha que d'or! que d'argeant & que de broderies!
Que de belle jeuneſſe, en habīs diferans,
Cheminante à l'enui ſe montre par les rans!
Que de Princes diuers & que de Gentilshommes!
Si déja la Frontiere a tant de miliers d'hommes
Préparez au combat, & ſi telles gens ſont
Donnez pour leur conduite, en peu de tans ils vont
Brizer & foudroyer l'embuſche d'Alemagne,
Et courôner HENRY comme fut CHARLES MAGNE.
  Si le diuin Homere eût veu premieremant,
Ces braues Cheualiers il eût certainemant,
Pour immortalizer leur bruit & leur memoire,

Abandonné les Grecs à l'oubliance noire,
Et tous les compagnons du Prince Agamemnon
Seroient ores là bas apauuris de renom.
    Que voy-je ? ha quel objet ! quelle viue lumiere !
Où mes sens ébloüis prennent-ils leur carriere ?
Ie ne suis plus à moy : que l'on iette des fleurs,
Des rozes, des œillets de toutes les couleurs,
Des girofliers, des Lys, des marguerites franches,
Du myrthe, du Laurier, des paquerettes blanches,
Violettes sans nombre, hiacyntes dorez,
Narcisses, Iossemins, des Graces adorez,
Et qu'à lons traits encore on verse l'eau d'orange,
L'eau de myrte, de roze, & celle du nom d'Ange.
    Que la vois se marie aus instrumans plus dous,
Que le peuple s'incline, & frape cous sur cous
Des mains, auec vn bruit de ioye & d'alegresse,
I'auize le Triomfe où notre grand' PRINCESSE
Atire les Dieus méme, elle auance le pas,
Iunon de telle sorte ariuoit icy bas.
    La foy, la pûreté, l'honneur & la clemance,
La vertu, la grandeur & la magnificence
Acompagnent son char, la Païs marche deuant,
Et le Renom qui vole au parangon du vant.
    DIEV (qui tout preuoyant, tout prudãt & tout sage
Pour le bien des François voulut son mariage)
L'assiste, la benit, & ses Anges certains,
Volans à ses côtez, luy soutiennent les mains.
    Et cepandant HENRY, qui tous les Roys surpasse

Comme feroit vn mont vne campagne baſſe,
Demeure tout rauy contamplant ſes beaus yeus:
Il y voit tous ſes faits les plus victorieus,
La Bretagne y paroît auec l'Eſpagne fiere,
Il y voit en eſprit, d'vne lieſſe entiere,
Les François reünis, & les mons dangereus
Qu'il franchit tout armé quand d'vn ſoin genereus
Il fut au deuant d'elle, & que par Hymenée
Des Lys du Firmamant elle fut couronnée.
„ Le peuple, qui ſe range aus paſſions des Grans,
„ Qui volontiers ſe mire en leur faiſ aparans,
A méme éjoüiſſance, & l'Etranger (peut-aître)
En ſi diuin objet n'en fera moins paraître.
  L'Iberien Monarque eſt de ſa paranté:
Le S A I N T P E R E (qui fit à la natiuité
De L O V Y S ſon D A V F I N, que déja l'on renomme,
Tant de ſolennitez & de feus dedans R o m e,
Qui le mit au berceau, qui le fit batizer)
Honore ſon merite & la daigne prizer.
  Mais côme il fait bon voir ces Nymfes immortelles
Qui ſont prés de la R E Y N E! elles ſont toutes belles,
Si que l'on iugeroit à leurs graues douceurs
Que P A R I S a mandé la troupe des neuf Seurs.
  Qu'il fait bon voir encor' tant de nobles Princeſſes!
L'on diroit qu'icy bas les premieres Déeſſes
Viennent pour habiter, & qu'elles daignent mieus
Séjourner à P A R I S qu'en la voute des Cieus.
  Entre elles i'y remarque vne perle d'élite,

Vne sage Palas, vn threzor de merite,
Fille, petite Fille & Seur de plusieurs Roys,
Le dernier rejeton des Princes de VALOIS.
  C'est elle qui cherit les deus Filles des Muzes,
La Poezi', la Muzique, en sa belle ame infuzes,
Et qui, par la fureur de ses diuins écris,
Iette la poudre aus yeus des plus rares espris.
  En fin, côme on peut voir les Iumeaus dessur l'ôdo
R'asserenner les flos quand la tampaîte gronde,
Ains comme prés l'Aurore en vizage riant
Vn Soleil qui flamboye es plaines d'Oriant,
I'aperçoy l'HERITIER de l'Empire de France,
L'Etoile de mes vers & de leur influance,
Et quant é luy MADAME, à qui les Cieus amys
Ont vn nouueau Royaume asseurémant promis,
Quand, sous vne aliance en bon-heur acomplie,
Milan sera le chef de toute l'Italie.
  De nuit par l'Horizon tant d'Astres ne sont vùs
Que de braues Seigneurs de loüange pouruùs
Cheminent à leur suite, auec leurs équipages
De Suisses, d'Ecuiers, d'Estafiers & de Pages.
  Que l'on marque à tousiours au nôbre des heureus
Ce beau iour de Triomfe, & vous, qui genereus
Portez dessur le chef vne verte couronne
De palme & de laurier que l'honneur enuironnè,
Vous Poëtes sacrez, vous Cynnes, dont les pas
Iamais ne connoîtront les chemins du trépas,
Mariez en l'effet à vos Lyres dorées,

Non par des chans comuns, des verves admirées
De gens grossiers & lours sans doctrine & sans art,
Mais par des vers tirez au patron de RONSARD
L'Homere Vandomois & du braue DES-PORTES:
L'vn qui par ses écris, en diferantes sortes,
Mit Bellone en campagne, & l'autre qui pouuoit
Faire combatre Amour à l'heure qu'il viuoit:
Comme instruis au giron des neuf doctes Pucelles
Au mont de la Pleyade, où ces Nymfes iumelles
(Par les mains de BAIF) ouurirent les secrets,
Encores tous nouueaus, des Romains & des Grecs.
    Et vous, REYNE, que l'œil d'vn si grand peuple ad-
Thrône des Majestez, Infante de l'Empire,   (mire,
Azile du repos, verger des Lys François,
Triomfez, DIEV le veut, alez à cette fois
L'adorer à son Tample, où vous dezirez estre,
Iettez vous à ses piez, & luy faites paraître
Comme vous deferez en toute humilité
Vos biens & vos honneurs à sa Diuinité,
,,C'est luy qui fait les Roys, qui leur ôte & leur dône,
,,A moins d'vn tourne-main, le Sceptre & la Couró-
    De ce lieu vous prandrez la route du Palais,   (ne.
Où tout discord, tout bruit de chiquane & de plais,
De Change, de Marchans ne font plus demeurance,
Le festin, la muzique & les jeus & la dance
Les en ont mis dehors, pour vous montrer commãt
Auiourd'huy toute chôze a du rauissemant.
    Ceus qui dãs les prizós baignez de chaudes larmes
Patissent iour & nuit tant de rudes alarmes,

Criminels, endétez, en ce iour ennobli
Noyent toutes leurs peurs dans le fons de l'oubly.

   Moy-méme, qu'vn chagrin soucieus importune
D'auoir bonne origine & mauuaize fortune,
Ie me sens tout gaillard, & suis comme i'étois
Quand Phebus aus crins d'or en mes plus ieunes
Afin de m'embellir d'vne gloire certenne,   (mois,
Par neuf fois me bagna dans les eaus d'Hipocrene.
Et seray plus ioyeus (ô REYNE de haut pris)
Cent & cent mile fois, si mes vers éntrepris
Au gré de vos honneurs, le suiet d'vn Homere,
Gaignent tant de bon-heur que de vous satisfaire.

   Ces Colonnes, ces Arcs que l'on dresse pour vous,
Ces aprets, qui randroient les Dieus mémes ialous,
Ne dureront qu'vn iour ou sis heures d'espace.

   Quand vn riche nauire à force de vans passe,
Vn mont de blanche écume en boüillonnant le suit,
Il entame la vague & demenne vn grand bruit,
Mais tout soudainemant qu'il a franchy cariere,
On ne voit rien de luy sur l'onde mariniere.

   Ces Colosses diuers, ces Termes arondis
Qui furent éleuez dedans Rome iadis,
Sont minez par le Tans, mais l'œuure incomparable
Du Chantre de Mantoüe à nul autre samblable
Est passé iusqu'à nous, de méme par mes vers
A iamais votre Pompe ira dans l'Vniuers,
De l'Ourse au Garamante, & d'où Phebus sommeille
Iusqu'où l'Aurore pronte en son char le réueille.

FIN.

ODE

Sur le retour de Monseigneur le PRINCE.

QVAND le beau Iour en s'éleuant
Brille sur les mons du Leuant,
Soudain la Nuit voile ses ombres:
Les airs flambent de tous côtez,
Et voit-on les chozes plus sombres
Ioüir de nouuelles clartez.

Si tôt que l'Hyuer est à bas,
Et que la nége & les frimas
Ne deualent plus sous la Bize,
Adonc le Printans découuert
Remet la campagne en franchize,
Et prand son habillemant verd.

Tout rit par tout, mile couleurs
Emaillent la tresse des fleurs,
Par tout les oizillons rezonnent;
Et les Bergeres sous leurs chans,
Au bruit des fontaines qui sonnent,
Par tout font retantir les chams.

Les papillons vont dans les prez
Et dans les iardins empourprez,
Les Dains trauersent les bocages,
Les Amans deuiennent gaillars,
Et ce Dieu qui poind leurs courages
Les anime de toutes pars.

F

Toute choze est plaizante à l'œil,
De méme apres le triste dueil
Qui rompit notre éjoüissance,
Aprés le Conuoy de HENRY
Tu viens rasserener la France,
Comme vn beau Printans fauori.

La Païs, la concorde te suit,
Le bon-heur à tes pas reluit,
Tu calmes nos dures tristesses,
Ta prezance areste nos pleurs,
Et, bref, engeandrant nos liesses,
Tu fais mourir tous nos malheurs.

PARIS s'éjoüit de te voir,
Le peuple se met en deuoir
De caresser ta bien-venuë:
La Cour, en ce rauissemant,
Fait retantir iusqu'en la nuë
L'effet de son contantemant.

Vien reconnoître à cette fois
LOVYS Monarque des François,
Dont l'essance est la tienne méme:
O PRINCE vien donner la foy,
Vien randre hommage au Diadéme
Qu'il herite d'vn si bon Roy.

Grand PRINCE, ô le premier du sang,
Vien pour reconnoitre en son rang
La Mere d'vn si grand MONARQVE:
REYNE dont les vertus luiront,

Malgré les excez de la Parque,
Tant que les ans chemineront.
　Quel foulas! ô quel dous plaizir
Viendra leurs MAIESTEZ faizir
A l'abord de ton EXCELANCE!
O comme leurs bras font ouuers!
O mon DIEV quelle éjoüiſſance!
O combien de charmes diuers!
　Naguere' elles verſoient des pleurs,
Témoins de leurs iuſtes douleurs,
Ores leurs yeus pleurent de ioye,
Le Grec eut tel contantemant
Voyant Achile au Can de Troye
Aparoître ſecondemant.
　Quand (diſ-je) en bornant les ennuis
Qui tant de iours & tant de nuis
Auoient penetré ſon courage,
Il retourna vers les Gréjois,
En leur redonnant l'auantage
Qu'ils auoient gaigné tant de fois.
　O que ie t'honore ô beau iour
Où ce grand PRINCE eſt de retour!
O que les Filles de Memoire
Sont contantes de le reuoir!
Que ces ouurieres de la gloire
S'éjoüiſſent de le rauoir.
　Quand il ſortit elles pleuroient,
Et demi-mortes ſoupiroient,

Voyant terminer leurs delices:
Maintenant qu'il reuient à nous,
Leurs yeus reprennent leurs blandices,
Et leur chant se refait plus dous.

    Pourquoy ces Nymfes aus beaus yeus,
Pourquoy ces mignonnes des Cieus
N'en seroient elles point contantes?
Ce ieune PRINCE les cherit,
C'est leur Mecene, & les attantes
Dont leur Neuf-uaine se nourit.

    Tant que mon pié me soutiendra,
Tousiours il me ressouuiendra
Du iour que ie vy chez DES-PORTES
Ce PRINCE, encore ieune enfant,
Ne respirer que leurs escoltes
Et de voir leur nom triomfant.

    Ce diuin Esprit iugea lors,
Tout soudain qu'il le veit dehors,
Qu'il feroit les Muzes renaître,
Et que les François éjouïs
Le pouroient vn jour reconnaître,
Sous l'Empire du ROY LOVYS.

   » DIEV nous inspire bien souuant,
Mais jetons ces propos au vant,
Déja les barieres on ouure:
Tous les Princes deuiennent gays,
Laissons entrer ce PRINCE au LOVVRE
Puis qu'il nous vient donner la Païs.

                C. GARNIER.

www.ingramcontent.com/pod-product-compliance
Ingram Content Group UK Ltd.
Pitfield, Milton Keynes, MK11 3LW, UK
UKHW020052100726
13658UKWH00004B/1703